Bibliografische Information der Deutschen Nationalbibliothek:

Die Deutsche Bibliothek verzeichnet diese Publikation in der Deutschen National-
bibliografie; detaillierte bibliografische Daten sind im Internet über http://dnb.d-
nb.de/ abrufbar.

Impressum:

Copyright © 2004 GRIN Verlag, Open Publishing GmbH
Druck und Bindung: Books on Demand GmbH, Norderstedt Germany
ISBN: 9783640827121

Dieses Buch bei GRIN:

http://www.grin.com/de/e-book/33173/web-services-technologien-anwendungsbe-
reiche-und-perspektiven

Martin Schädler

Web Services - Technologien, Anwendungsbereiche und Perspektiven

GRIN Verlag

GRIN - Your knowledge has value

Der GRIN Verlag publiziert seit 1998 wissenschaftliche Arbeiten von Studenten, Hochschullehrern und anderen Akademikern als eBook und gedrucktes Buch. Die Verlagswebsite www.grin.com ist die ideale Plattform zur Veröffentlichung von Hausarbeiten, Abschlussarbeiten, wissenschaftlichen Aufsätzen, Dissertationen und Fachbüchern.

Besuchen Sie uns im Internet:

http://www.grin.com/

http://www.facebook.com/grincom

http://www.twitter.com/grin_com

Web Services

-

Technologien – Anwendungsbereiche – Perspektiven

Fallstudie im Rahmen der Vorlesung

Betriebliche Anwendung von Internettechnologien

Betreuer: **Oliver Bohl**

Autor: **Martin Schaedler**

Bearbeitungsfrist: **14. – 28. Jan. 2004**

Inhalt

Inhalt 2

Abbildungsverzeichnis 3

Abkürzungsverzeichnis 4

1   Einleitung 5

2   Web Services 6

2.1   Begriffsabgrenzung 6

2.2   Architektur 6

2.3   Web Services Technologien und Standards 8

2.3.1   XML 9

2.3.2   SOAP 9

2.3.3   UDDI 10

2.3.4   WSDL 12

2.3.5   SAML 13

3   Einsatzmöglichkeiten für Web Services 14

3.1   Enterprise Application Integration (EAI) 14

3.2   Business to Business (B2B) Integration 15

3.3   Business to Consumer (B2C) Interaktion 16

4   Status Quo und Perspektiven 17

Literatur 19

Abbildungsverzeichnis

Bild 1: Web Service Architektur 7

Bild 2: Schichtenmodell für Webservices 8

Bild 3: Struktur einer SOAP Nachricht über HTTP (SOAP with Attachments) 10

Bild 4: UDDI.org Struktur 12

Abkürzungsverzeichnis

API	Application Programming Interfaces
B2B	Business to Business
B2C	Business to Consumer
bspw.	beispielsweise
bzw.	beziehungsweise
CORBA	Common Request Broker Architecture
cXML	Commerce eXtensible Markup Language
DCOM	Distributed Component Object Model
EAI	Enterprise Application Integration
EAN	European Article Number
ebusiness	Electronic Business
ebXML	Electronic Business eXtensible Markup Language
EJB	Enterprise Java Beans
ERP	Enterprise Ressource Planning
etc.	et cetera
FTP	File Transfer Protocol
HTTP	Hypertext Transport Protocol
HTTPS	Secure Hypertext Transport Protocol
i.d.R.	in der Regel
ISO	International Organization for Standardization
MRP	Material Resource Planning
OASIS	Organization for the Advancement of Structured Information
OSI	Open Systems Interconnection
RPC	Remote Procedure Call
SGML	Standardized General Markup Language
SOAP	Standard Object Access Protocol
sog.	sogenannte(r)
SSL	Secure Socket Layer
STMP	Simple Mail Transfer Protocol
u.a.	und andere
UDDI	Universal Description, Discovery and Integration
UN/CEFACT	United Nations Centre for Trade Facilitation and Electronic
URL	Uniform Resource Locator
W3C	World Wide Web Consortium
WAP	Wireless Application Protocol
WSCI	Web Services Choreography Interface
WSDL	Web Service Description Language
WS-I	Web Services Interoperability Organization
WSXL	Web Service Experience Language
xCBL	XML Common Business Library
XML	eXtensible Markup Language
XSL	eXtensible Stylesheet Language
XSLT	eXtensible Stylesheet Language Transformation
z.B.	zum Beispiel

1 Einleitung

Stand seit Anfang der 80er Jahre die Optimierung innerbetrieblicher Prozesse und Informationsflüsse im Rahmen von MRP- (Material Resource Planning) und ERP- (Enterprise Resource Planning) Projekten im Fokus der meisten mittleren und größeren Unternehmen, hat sich mittlerweile die Erkenntnis durchgesetzt, dass die Optimierung unternehmensinterner Prozesse zwar eine notwendige, aber keinesfalls hinreichende Bedingung für die Wettbewerbsfähigkeit eines Unternehmens ist.

In einer vernetzten, hochgradig arbeitsteiligen Wirtschaft konkurrieren eben nicht mehr einzelne Unternehmen, sondern komplette Wertschöpfungsketten aus Kunden, Zulieferern und Partnern miteinander. „Die Bildung von zwischenbetrieblichen Kooperationen wird für die beteiligten Akteure immer häufiger zum Instrument der Verbesserung ihrer Wettbewerbsposition in einer globalen Weltwirtschaft" [BuKö00, S. V].

Im Rahmen dieser Überlegungen werden Web Services seit ungefähr 2 Jahren als Allzweckwerkzeug für die Internet basierte Anbahnung und Abwicklung von Geschäftsprozessen propagiert. Interoperabilität und Plattformunabhängigkeit sind verheißungsvolle Versprechungen der IT-Industrie, die mit dem Begriff der Web Services einhergehen und diese Technologie nicht nur für überbetriebliche, sondern auch innerbetriebliche Integrationsprojekte interessant machen. Neu sind diese Versprechungen allerdings nicht, ältere Komponentenmodelle wie DCE, CORBA, DCOM oder EJB sind teilweise mit ähnlichen Ansprüchen platziert worden, konnten sie letztendlich aber nicht erfüllen.

Mit Web Services soll sich das nun ändern, denn im Unterschied zu älteren Komponentenmodellen ist die Herstellerunterstützung bei Web Services wesentlich breiter, die Basistechnologie ist leichter zu beherrschen und vollkommen plattform- und programmiersprachenunabhängig.

Die folgende Fallstudie stellt dar, was Web Services sind und auf welchen Technologien und Standards sie basieren. Die praktische Bedeutung wird anhand der Anwendungsbereiche für Web Service Technologien aufgezeigt. Eine Zusammenfassung mit Ausblick auf zukünftige Entwicklungspotentiale schließt die Betrachtung ab.

2 Web Services

2.1 Begriffsabgrenzung

Web Services sind, wie der Name vermuten lässt, Dienste, die über das Internet (bzw. Internettechnologien) angeboten werden. Sie beinhalten gekapselte Funktionalitäten mit definierten und im Idealfall standardisierten Schnittstellen, welche die Interoperabilität, d.h. die Zusammenarbeit mit anderen Web Services, ermöglichen. Web Services sind plattform- und programmiersprachenunabhängig [HMD2003a].

Um eine Abgrenzung zu weiteren, über das Internet angebotenen Diensten und insbesondere zu den o.g. Komponentenmodellen zu schaffen, wird häufig von XML Web Services gesprochen, die folgende Gemeinsamkeiten haben (in Anlehnung an [FiMa2003]):

- Web Services werden in der Metasprache XML entwickelt, beschrieben und stellen ihre Dienste über das Kommunikationsprotokoll SOAP zur Verfügung.

- Schnittstellen von Web Services werden über die standardisierte Schnittstellenbeschreibungssprache WSDL definiert.

- Damit Web Services durch potentielle Benutzer oder andere Web Services identifiziert werden können, werden sie in einem öffentlichen UDDI Verzeichnis registriert.

Da die Verwendung von WSDL und UDDI insbesondere bei unternehmensinternen Koppelungsprojekten nicht zwingend erforderlich ist, kann SOAP als Minimalstandardtechnologie für Web Services betrachtet werden.

Web Services sind modulare Dienste, die maschinell aufgefunden und genutzt werden können. Web Services Implementierungen nutzen minimal den Standard SOAP, ergänzt um WSDL und UDDI.

Wie die Technologien XML, SOAP, WSDL und UDDI zusammenspielen, wird nun verdeutlicht.

2.2 Architektur

Gekapselte Funktionalitäten und standardisierte Schnittstellen sind Voraussetzungen für die Interoperabilität von Web-Services. Nur so kann sichergestellt werden, dass ein Web Service maschinell gefunden und aufgerufen werden kann. Ein Funktions- bzw. Web-Service Aufruf wird durch das SOAP Protokoll realisiert. SOAP ist ein XML Dialekt, der es ähnlich konventionellen Remote Procedure Calls (RPCs) ermöglicht, Funktionsaufrufe auf entfernten Servern durchzuführen. Als Transportschicht wird HTTP (alternativ SMTP oder FTP) benutzt.

Die Funktionalität des Web-Service wird als definierte und in WSDL beschriebene Schnittstelle angeboten, die einen Input entgegennimmt und eine entsprechende Ausgabe zurückliefert. Die hinter dem Web-Service liegende technische Komponente ist nicht maßgeblich, allein die Kompatibilität des Web-Service bzw. dessen Schnittstelle ist entscheidend.

Damit Web Services von anderen Web Services gefunden werden können, werden sie im UDDI Verzeichnis publiziert. UDDI beschreibt alle registrierten Web-Services hinsichtlich ihrer Funktionalität und Schnittstelle in Form eines XML Datensatzes.

Folgende Beschreibung verdeutlicht die Architektur und das Zusammenwirken dieser Technologien:

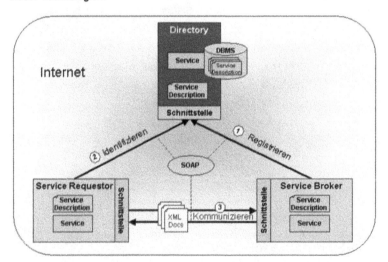

Bild 1: Web Service Architektur

1. Damit ein Web Service (Service Broker) von einem anderen Web Service (Service Requestor) lokalisiert werden kann, wird er im UDDI Verzeichnis registriert. Dazu wird der Web Service in WSDL beschrieben und die Beschreibung (Service Description) als XML Dokument über SOAP an das Directory übertragen. UDDI ist dabei selbst ein Web Service mit einer eigenen Service Description. Die Service Descriptions der registrierten Web Services werden als XML Dokumente in einer Datenbank abgelegt.

2. Der Service Requestor greift, um einen geeigneten Web Service zu identifizieren, mit einem SOAP Aufruf auf das Directory zu. Dieser SOAP Aufruf enthält die Parameter des gesuchten Web Services. Wird über die Suche ein geeigneter Web Service identifiziert, sendet das Directory über SOAP das Ergebnis der Suche zurück an den Service Requestor.

3. Der Service Requestor ist nun in der Lage, den gesuchten Web Service zu adressieren und eine Kommunikation aufzubauen (Binding), in deren Ablauf der Web Service seine Dienstleistung erbringt.

2.3 Web Services Technologien und Standards

Standards spielen eine entscheidende Rolle bei der Gewährleistung der Kompatibilität und Interoperabilität von Web Services. Im Folgenden wird deshalb näher auf die oben erwähnten XML Dialekte SOAP, WSDL und UDDI eingegangen.

Der Aufbau des Web Service Protocol Stacks und die Aufgabenteilung der einzelnen Technologien geht aus dem folgenden Schichtenmodell für Web Services, ergänzt um die Transport- und Netzwerkschicht, hervor. Analog zum ISO / OSI Referenzmodell besteht der Web Service Protocol Stack aus von einander unabhängigen Schichten, die jeweils Funktionen für die darüber liegende Schicht erbringen und dennoch voneinander unabhängig sind:

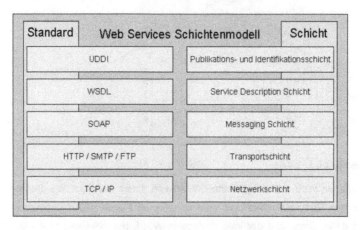

Bild 2: Schichtenmodell für Web Services [in Anlehnung an UDD2002a, S.4; Knut2002, S.97; Siem2003]

2.3.1 XML

XML ist eine moderne, aus SGML hervorgegangene Metasprache. Sie erlaubt den Austausch von strukturierten Nachrichten über das Internet, die validierbare Beschreibung von Dokumentenstrukturen und dient darüber hinaus als Basis für eine Reihe von Anwendungen, die als XML Co-Standards definiert sind und das praktische Einsatzspektrum von XML massiv erweitern. Hierzu gehören neben den Web Service Technologien SOAP, WSDL oder UDDI weitere Co-Standards wie XSL, XSLT, XPath etc.

XML Nachrichten bestehen aus einer Deklaration, einer Typendefinition und einem Inhalt. Die Deklaration definiert ein Dokument als XML-Dokument und legt die Codierung fest. In einer DTD (Document Type Definition) oder einem XML Schema wird die Struktur des Dokuments oder einer Klasse von Dokumenten definiert. Diese Definition muss nicht Bestandteil der XML Nachricht sein, sondern kann auch über eine Referenz (z.b. auf eine URL) als externes DTD bzw. XML Schema angezogen werden. Der Inhalt (Geschäftsdaten) wird als Werte den im DTD oder Schema definierten Elementen und Attributen zugeordnet und repräsentiert eine Instanz des XML Dokuments.

Die Standardisierung von XML wird durch das W3C vorangetrieben. Die aktuelle XML Spezifikation des W3C ist XML 1.0 (First Edition), mittlerweile liegt jedoch bereits die 2. Version (XML 1.0 Second Edition) als W3C Recommendation vor [W3C2003b].

2.3.2 SOAP

SOAP ist, simpel gesprochen, die „Umsetzung des RPC Paradigmas auf die Webtechnologie" [Knut2002] und erlaubt analog zu konventionellen RPCs den Aufruf von Funktionen und die Übergabe von Parametern über Rechner- und Netzwerkgrenzen hinweg. SOAP repräsentiert die Messaging Schicht des Web Service Schichtenmodells und ist somit dessen wichtigstes Protokoll.

Die für den entfernten Funktionsaufruf notwendigen Informationen (aufzurufenden Methode, Eingabe- und Ausgabeparameter) werden als XML Nachricht kodiert. Die Übermittlung erfolgt über das Standard Internet Protokoll HTTP. Eine SOAP Nachricht weist folgende Struktur auf:

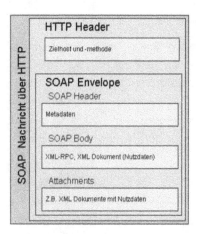

Bild 3: Struktur einer SOAP Nachricht über HTTP (SOAP with Attachments)

Der HTTP Header beinhaltet den Zielhost und den aufzurufenden Service (SOAPAction). Letzteres ist ein Vorteil, da der aufgerufene Service nicht erst den SOAP Envelope öffnen muss, um zu sehen, wie die Nachricht verarbeitet werden muss. Der SOAP Envelope enthält einen optionalen Header, der Metadaten, wie z.b. eine Transaktions-ID oder weitere, optionale Attribute enthalten kann. Der Body der Nachricht enthält einen Methodenaufruf in XML (XML-RPC) und / oder eine XML Nachricht als Payload, die auch in Form von Attachments in den SOAP Envelope eingebunden werden kann.

Als Transportprotokoll benutzt SOAP HTTP (bzw. SMTP oder FTP). SOAP Aufrufe werden dadurch von Firewalls als HTTP Stream identifiziert, den sie durch den i.d.R. freigeschalteten HTTP Port 80 durch die Firewall passieren lassen. Dies erleichtert die flexible und unternehmensübergreifende Kommunikation erheblich, da nicht extra spezielle Ports auf der Firewall freigeschaltet werden müssen.

Wie XML fällt auch SOAP in den Standardisierungsbereich des W3C. SOAP liegt derzeit in der Spezifikation 1.2 als W3C Recommendation (Standard) vor [W3C2003d].

2.3.3 UDDI

UDDI ist ein globales, branchenübergreifendes Web-Service Directory, das die Publikation (Registrierung) und Abfrage von Unternehmen und deren Web Services unterstützt. Damit geht der Ansatz von UDDI über die konventionellen Firmenverzeichnisse hinaus. UDDI beschreibt nicht nur Unternehmen, sondern auch, wie man mit diesem Unternehmen (elektronische) Geschäftsbeziehungen etablieren kann.

So fungiert UDDI als eine Art von Meta Web Service, der Informationen über Unternehmen und die von Ihnen angebotenen Web Services bereitstellt.

Der Kern des UDDI Directories repräsentieren die Business Descriptions, die ein Unternehmen und dessen Web Services beschreiben. Business Descriptions werden in Form einer XML Nachricht beschrieben und über SOAP an den UDDI Web Service übertragen. Konzeptionell besteht die Business Description aus drei Teilbereichen [UDD2002a, S.2]:

- White Pages enthalten grundlegende Informationen über das Unternehmen wie Name, Kontaktdaten, Ansprechpartner etc.

- Yellow Pages kategorisieren das Unternehmen nach Branche und Geschäftstätigkeit.

- Green Pages beschreiben die vom Unternehmen zur Verfügung gestellten Web Services anhand der Service Descriptions.

Um die zentralen Aufgaben des UDDI, Registrieren und Auffinden von Unternehmen und Web Services, zu unterstützen, bietet der UDDI Web Service zwei APIs die verschiedene Methoden bereitstellen [UDDI2002, S.7f]:

- Publishing API zum Erstellen, Ändern und Löschen von Business und Service Descriptions.

- Inquiry API zum Durchsuchen des UDDI und Abrufen von Informationen über Unternehmen und Web Services.

UDDI ist zwar logisch ein Service, physisch aber auf mehrere sog. Nodes (Websites) verteilt, die z.B. von Microsoft, Sun, SAP, IBM u.a. betrieben werden. Um einen aktuellen Datenbestand auf allen Nodes dieser verteilten Umgebung zu gewährleisten, werden die Einträge auf Tagesbasis repliziert.

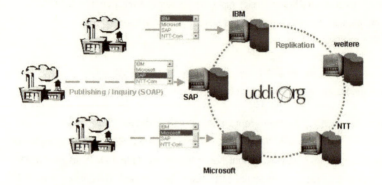

Bild 4: UDDI.org Struktur

UDDI geht auf eine, im Jahr 2000 von Microsoft, IBM und Ariba ins Leben gerufene Initiative zurück, der sich mittlerweile zahlreiche weitere Unternehmen aus allen Branchen (SAP, Dell, American Express, Boing, u.a.) angeschlossen haben. Die Standardisierung erfolgt durch OASIS auf Basis einer durch UDDI.org vorgelegten Committee Specification. Die UDDI Spezifikation ist in der aktuellen Version 3 [UDD2002b] verfügbar.

2.3.4 WSDL

Damit Web Services maschinell, d.h. durch andere Web Services auffindbar und ansprechbar sind, werden sie in WSDL, einer einheitlichen, XML basierten Konvention, beschrieben. Die Beschreibung eines Web Services enthält Informationen darüber, was ein Web Service tut, welche Funktionen er bereitstellt und wo er zu finden ist [Knut2002, S. 112].

Ein WSDL Dokument beschreibt einen Web Service als sog. Kommunikationsendpunkt (Port) in Form einer abstrakten und einer konkreten Definition. Die abstrakte Definition gibt vor, welche Datentypen (*types*) verwendet werden, welche Nachrichten kommuniziert werden (*messages*) und welche Operationen einschließlich Parametern angeboten werden (*portType*). In der konkreten Definition wird der Kommunikationsendpunkt (*service*) als IP Adresse festgelegt und spezifiziert, mit welchem Protokoll dieser Service angesprochen werden muss (*binding*).

Wie in *Bild 1: Web Service Architektur* beschrieben, kann diese Service Description bei UDDI registriert und veröffentlicht werden. Ein Service Requestor, der im UDDI nach einem geeigneten Web Service sucht, kann den Web Service auffinden und sich über den Inquiry API alle notwendigen Informationen besorgen, um auf den Web Service zuzugreifen.

Soweit ein durchdachtes Konzept. Doch an diesem Ablauf lässt sich auch das Defizit von WSDL festmachen. WSDL enthält nämlich keine semantische Beschreibung des Web Service, die betriebswirtschaftliche Inhalte des Dienstes definiert. So ist bei einer WSDL Beschreibung z.B. nicht klar, welche Bedeutung die im Rahmen der Kommunikation zu übergebenden Parameter haben. Ob es sich bei einem Parameter „ARTNR" um die Artikelnummer des Kunden, des Lieferanten oder einer anders geartete Nummernsystematik wie z.b. EAN (European Article Number) handelt, ist unklar, solange nicht eine semantische Vereinbarung zwischen den Transaktionspartnern besteht. WSDL könnte theoretisch zwar um semantische Elemente erweitert werden, die Entwicklung geht jedoch in eine andere Richtung. Mit xCBL, cXML und ebXML wurden diverse, teilweise proprietäre Initiativen ins Leben gerufen, die neben technischen auch semantische Beschreibungsmöglichkeiten für Web Services enthalten. Der von OASIS und UN/CEFACT seit 1999 propagierte Standard ebXML scheint aufgrund der breiten Herstellerunterstützung und der weitgehenden Kompatibilität mit den o.g. Web Service Standards der vielversprechendste Ansatz zu sein.

WSDL ist darüber hinaus nicht in der Lage, zustandsbehaftete Web Services abzubilden oder mehrere Web Services zu einem Flow zusammenzufassen (orchestrieren). Der relativ junge Standardisierungsansatz mit WSCI (Web Services Choreography Interface) könnte hier Abhilfe schaffen, befindet sich jedoch als W3C Working Drafts in einem sehr frühen Reifestadium [W3C2003f].

2.3.5 SAML

Bei nahezu allen geschäftskritischen Internetanwendungen stellt sich die grundsätzliche Frage der Sicherheit. Geschäftpartner müssen authentifiziert werden und die Auslieferung und der Empfang der Information muss nachweislich stattfinden. Darüber hinaus muss sichergestellt werden, dass die Information nicht verändert oder ausgespäht werden kann. SOAP unterstützt diese Anforderungen nicht direkt, sondern lediglich über das darunter liegende HTTPS Transportprotokoll das eine Authentifizierung (Basic Authentication) und die Verschlüsselung über SSL erlaubt.

Da SOAP die meist freigeschalteten Firewall Ports für HTTP und HTTPS (80 bzw. 443) ungehindert passieren kann, muss auch sichergestellt werden, dass von einer SOAP Kommunikation kein Sicherheitsrisiko für das Unternehmen ausgeht. Mit dem bisherigen Firewall Ansätzen ist dies jedoch nicht möglich [RaVo2002, S.300].

Diesen Herausforderungen sollen neue Konzepte und im Entstehen begriffene Standards begegnen. Da Web Services eine Reihe von unterschiedlichen Technologien nutzen können und grundsätzlich plattform- und programmiersprachenunabhängig sind, können Sicherheitsaspekte nur ganzheitlich, d.h. in einem entsprechenden Framework behandelt werden. Ein solches Framework ist z.B. SAML (Security Assertion Markup Language). SAML ist eine XML basierte Beschreibungssprache und beinhaltet den WS-Security Standard (Web Service Security), der wiederum XML Sicherheitsmechanismen wie die W3C Standards XML Encryption zur Verschlüsselung von XML Daten [W3C2003h], XML Digital Signatures zur Signatur von Nachrichten [W3C2003g] und das XML Key Managment System (XKMS) zur Verwaltung der digitalen Signaturen [W3C2003i] einsetzt.

Die Standardisierung von SAML unterliegt OASIS und befindet sich noch in einer frühen Phase. SAML liegt erst seit September 2003 als offizieller OASIS Standard in der Version 1.1 vor [OAS2003b].

3 Einsatzmöglichkeiten für Web Services

Einsatzmöglichkeiten für Web Services sind grundsätzlich überall dort gegeben, wo eine Kommunikation zwischen IT-Systemen hergestellt werden soll. Darüber hinaus werden jedoch seit geraumer Zeit Überlegungen angestellt, Web Services nicht nur für die intermaschinelle, sondern auch für die Endbenutzerkommunikation einzusetzen.

3.1 Enterprise Application Integration (EAI)

Viele Unternehmen haben über die letzten 10 Jahre massiv in den Auf- bzw. Ausbau ihrer internen IT-Landschaften investiert und stehen häufig vor einer Vielzahl von IT-Systemen, wie z.B. ERP Systeme, CRM und SRM Applikationen, sowie Web Anwendungen.

Um die unternehmensinterne Kommunikation und Geschäftsprozessabwicklung über verschiedene Applikationen hinweg sicherzustellen, werden i.d.R. sehr komplexe Integrationsprojekte initiiert. Aufgrund heterogener Betriebssysteme, Plattformen und Programmiersprachen der zu integrierenden Anwendungen sind solche klassischen Integrationsprojekte meist sehr aufwändig.

Ergänzend bzw. alternativ zu bestehenden Integrationsansätzen können Web Services im EAI Bereich als Middleware-Schicht zur Integration von heterogenen Systemen dienen [BeWe2002].

Wie erste praktische Erfahrungen beweisen, führen die breite Unterstützung durch IT-Hersteller und bereits etablierte Standards auf der technischen Ebene zu einer weitgehenden Herstellerunabhängigkeit. Anwendungen können einfacher entwickelt und integriert werden, was wiederum zu Kosteneinsparungen bei Entwicklung, Integration und Wartung von integrierten Systemlandschaften führt [Berl2003, S.49]. So haben mittlerweile fast alle renommierten Hersteller von betriebswirtschaftlicher Standardsoftware und Integrationsplattformen ihre Produkte Web Service (bzw. SOAP) fähig gemacht, was den Investitionsschutz gewährleistet.

EAI Projekte sind ein hervorragendes Feld um erste Erfahrungen mit Web Services zu sammeln und die bislang bestehenden Probleme beim praktischen Einsatz zu umgehen. Fragen bzgl. der semantischen Standardisierung von Geschäftsdaten und Servicebeschreibungen können unternehmensintern relativ einfach gelöst werden, da das Unternehmen seinen „internen Standard" autonom setzen kann und die Web Services unternehmensintern bekannt und spezifiziert sind. Im Prinzip kann deshalb auch von Standards wie UDDI oder WSDL abgesehen werden und die Nutzung der Web Service Technologien reduziert sich auf den Einsatz von SOAP.

Darüber hinaus stellt sich die Sicherheitsfrage unternehmensintern nicht in dem Ausmaß, wie bei der unternehmensübergreifenden Kommunikation. Die Kombination von SOAP über HTTPS ist in den meisten Fällen völlig ausreichend.

3.2 Business to Business (B2B) Integration

Im Gegensatz zu EAI Projekten werden bei B2B Integrationen unternehmensübergreifend Systeme gekoppelt um den Datenaustausch mit Kunden, Lieferanten oder Marktplätzen zu ermöglichen. Die Anforderungen sind grundsätzlich ähnlich zu EAI Integrationsprojekten, im Detail jedoch wesentlich anspruchsvoller, z.b. hinsichtlich der strukturierten Beschreibung von Geschäftsprozessen und –inhalten und der zugrunde liegenden Sicherheitsanforderungen. [Berl2003, S.18].

Da anders, als bei der unternehmensinternen Kommunikation, flexible (d.h. lose) Kopplungen aufgrund sich neu ergebender oder auflösender Geschäftsbeziehungen gefordert sind, muss die fallweise Koppelung der involvierten IT-Systeme möglich sein. Web Services sind hierfür ein wesentlich geeigneteres Mittel, als die starren, aufwändigen und auf Dauer ausgelegten Schnittstellenintegrationen über konventionelle B2B Middlewareprodukte. Bestehende Middleware Produkte können wie im EAI Bereich auch für die B2B Integration über Web Services genutzt werden, was auch hier den Investitionsschutz gewährleistet.

Besonders nachteilig wirken sich im B2B Bereich die bislang entweder fehlenden oder nicht etablierten Standards für die semantische Beschreibung von Web Service Geschäftsprozessen und –daten aus. Anders als im EAI Bereich müssen diese im B2B Bereich mit den externen Partnersystemen auf technischer und semantischer Ebene kompatibel sein, was entweder einen etablierten Standard oder die fallweise Abstimmung mit dem Kommunikationspartner erforderlich macht. Letzteres kann dazu führen, dass die, durch Web Services angepeilte, lose und damit flexible Koppelung der Systeme zwar auf technischer Ebene möglich ist, jedoch aufgrund einer fehlenden semantischen Kommunikationsvereinbarung nicht oder nur durch Anpassung des Web Service realisiert werden kann. Aufgrund dessen sind Web Services zum aktuellen Zeitpunkt eher für bestehende, einigermaßen stabile Geschäftsbeziehungen geeignet.

Ein weiteres Problemfeld ist Sicherheit von Web Services. SOAP kann über HTTPS Sicherheitsmechanismen tiefer liegender Protokollschichten nutzen und so eine sichere Kommunikation auf Protokollebene etablieren. Einen Schritt weiter geht der WS-Security Standard, der die digitale Signatur und XML Encryption mit SOAP verbindet. Weitergehende, integrative Sicherheitskonzepte, die, wie z.B. SAML, auch Authentifizierung, Zugriffs- und Rechteverwaltung beinhalten, befinden sich jedoch in einem sehr frühen Spezifikationsstadium und haben ihre praktische Funktionsfähigkeit noch nicht unter Beweis gestellt.

3.3 Business to Consumer (B2C) Interaktion

Obwohl Web Services konzeptionell für die maschinelle Interaktion konzipiert sind, werden Überlegungen angestellt, sie als Dienstleistungen für menschliche Benutzer zu adaptieren. Dies hat den großen Vorteil, dass für die maschinelle und endnutzerbezogene Interaktion ein und derselbe Web Service eingesetzt werden kann.

Dazu müssen Web Services jedoch Schnittstellen bieten, die eine Interaktion mit dem Benutzer ermöglichen, möglichst über verschiedene Ein-, bzw. Ausgabemedien, wie Bildschirm, Handy-Display, Sprachsteuerung etc. Dadurch würden diverse Einsatzmöglichkeiten im B2C Bereich eröffnet.

So könnte z.B. ein Reisebüro einen Web Service anbieten, der dem Endnutzer bei verschiedenen Fluggesellschaften Angebote für seine Reisewünsche einholt und unterbreitet. Auf der einen Seite benötigt dieser Web Service ein Endbenutzerschnittstelle, z.B. über ein Webfrontend oder einen WAP (Wireless Application Protocol) Zugang, auf der anderen Seite muss der Web Service entsprechende Dienste der Fluggesellschaften maschinell identifizieren, binden und abfragen.

Ein relativ neuer Ansatz ist die von IBM initiierte WSXL Spezifikation, ein komponentenbasiertes Modell für interaktive Webanwendungen, das die Bereitstellung von Web Services über diverse Endbenutzermedien wie HTML oder WAP erlaubt.

4 Status Quo und Perspektiven

"The good thing about standards is that there are so many to choose from".

(Andrew S. Tanenbaum [Tane2002])

In den letzten drei Jahren hat sich der Begriff des Web Service als beständiges Thema in der IT Welt etabliert. Mittlerweile zweifelt kaum mehr jemand an der praktischen Relevanz von Web Services. In einer bereits 2002 von Cap Gemini, Ernest & Young durchgeführten Studie [CGEN2002] gaben 83% der befragten 170 Entscheider aus deutschen Unternehmen an, aktuell an bis zu fünf Web Service Projekten zu arbeiten.

Dies verwundert nicht, schließlich haben Web Services in den vergangenen 1 ½ Jahren einen deutlichen Entwicklungsschritt vom vagen Konzept zu einem mittlerweile annähernd marktfähigen Standard gemacht. Stand Anfang 2002 außer den Basisstandards SOAP, WSDL und UDDI in frühen Versionen und ersten Referenzimplementierungen wenig Greifbares zur Verfügung, sind mittlerweile eine Vielzahl von Implementierungen vorhanden, die mindestens Teile der Web Service Technologien dort pragmatisch einsetzen, wo sie die meisten Mehrwerte versprechen.

Meist sind dies EAI Projekte, denn hier sind die Hauptbedenken der Entscheider noch zu verargumentieren. Laut Cap Gemini sehen mehr als 60% der Befragten nicht adressierte Sicherheitsbedenken als das Haupthemmnis für den Einsatz von Web Services . Darüber hinaus sehen mehr als die Hälfte der Befragten auch in Zukunft keine einheitlichen Standards für Web Services. Beide Bedenken spielen in der unternehmensinternen Integration eine tendenziell geringere Rolle, als in der B2B Integration.

Voraussetzung für die Diffusion in der unternehmensübergreifenden Kommunikation ist jedoch, dass diese wahrgenommenen Defizite bezüglich Standardisierung und Sicherheit zeitnah adressiert werden.

In beiden Bereichen ist die Situation mit komplementären, durch unterschiedliche Unternehmen und Organisationen vorangetriebenen Standardisierungsaktivitäten derzeit schwer überschaubar, was zu erheblichen Unsicherheiten bzgl. des Praxiseinsatzes führt. Eine grundsätzliche Herausforderung für die Diffusion von Web Service in der Praxis ist somit, dass, wie es Tanebaum in dem eingangs erwähnten Zitats mit einer gewissen Ironie ausdrückt, zu viel Standardisierung stattfindet. Neben dem W3C und OASIS beschäftigt sich eine Vielzahl mehr oder weniger proprietärer Initiativen mit der Spezifikation von potentiellen Web Service Standards. Das Problem ist absehbar: wie kann sichergestellt werden, dass all diese Standardisierungsaktivitäten zu durchgängig kompatiblen Standards für Web Services führen? Ein erster Schritt in die richtige Richtung ist mit der Gründung der Web Service Interoperability Group (WS-I) unternommen worden, die sich zum Ziel gesetzt hat, die Interoperabilität verschiedener Web Service Spezifikationen über die verschiedenen Standardisierungsansätze hinweg zu gewährleisten [WSI2003].

Inwieweit WS-I erfolgreich sein kann, bleibt abzuwarten. Zwar sind mittlerweile fast alle renommierten Standardisierungsorganisationen und IT-Unternehmen der Initiative beigetreten. Dennoch bleibt zu befürchten, dass diese Unternehmen wie bereits in der Vergangenheit versuchen werden, ihre Partikularinteressen durchzusetzen. Denn wer die eigene Konzeption als Standard etabliert oder zumindest den Standard so definiert, dass er mit den eigenen Konzeptionen kompatibel ist, sichert sich unbestritten Wettbewerbsvorteile.

Letztendlich zeigt sich auch hier, dass Standardisierung vor allem Zeit benötigt. Bislang erzielte Erfolge geben zur Hoffnung Anlass, dass über die nächsten zwei bis drei Jahre vor allem im Bereich Sicherheit bestehende Defizite durch eine umfassende Sicherheitsarchitektur adressiert werden. Fällt dieses Hemmnis weg, ist der Weg frei für den praktischen Einsatz, welcher der Standardisierung von betriebswirtschaftlichen Prozessen und Daten im Rahmen semantischer Standards Vorschub leisten kann.

Literatur

[Berl2003]	Wichmann, Thorsten; Quanz, Jochen: Basisreport Integration mit Web Services. Konzept, Fallstudien, Bewertung. Berlecon Research, Berlin 2003.
[BeWe2002]	Beimborn, Daniel; Weitzel, Tim; Wendt, Oliver; Mintert, Stefan: Infrastrukturen für neue Geschäftsszenarien. Johann-Wolfgang Goethe Universität Frankfurt, Frankfurt 2002.
[BuKö00]	Buxmann, Peter; König, Wolfgang; Fricke, Markus; Hollich, Frank; Diaz, Martin; Weber, Sascha: Zwischenbetriebliche Kooperationen mit mySAP.com. 2. Aufl., Springer, Berlin 2000.
[CGEN2002]	Cap Gemini Ernest & Young: Der Markt für Web-Services - Erwartungen, Treiber, Investitionsabsichten. Cap Gemini Ernest & Young, Berlin 2002. http://www.de.cgey.com/servlet/PB/show/1004690/07.16.02%20Studie%20Web-Services_G.pdf Abruf am 2003-12-22.
[FiMa2003]	Fickert, Thomas; Mantzel, Kay: XML Web-Services: mehr als nur ein Trend: Eine Einführung zu Web-Services, SOAP, WSDL und UDDI. http://www.isis-specials.de/ebusiness/profile/1m993_tb_ws.htm, Abruf am 2003-12-22.
[Knut2002]	Knuth, Michael: Web Services – Einführung und Übersicht. Software & Support Verlag, Frankfurt 2002.
[OAS2003b]	OASIS.org: OASIS Security Services TC. http://www.oasis-open.org/committees/tc_home.php?wg_abbrev=security Abruf am 2003-12-22.
[RaVo2002]	Rahm, Erhard; Vossen, Gottfried [Hrsg]: Web & Datenbanken Dpunkt Verlag, Heidelberg 2002.
[UDD2002b]	UDDI.org: UDDI Version 3.0.1 http://www.oasis-open.org/committees/uddi-spec/doc/tcspecs.htm#uddiv3 Abruf am 2003-12-22.
[W3C2003b]	W3C: XML Core Working Group Public Page. http://www.w3c.org/XML/Core/#Publications Abruf am 2003-12-22.
[W3C2003d]	W3C: SOAP Version 1.2 W3C Recommendation. http://www.w3.org/TR/SOAP/ Abruf am 2003-12-22.
[W3C2003f]	W3C: Web Services Choreography Working Group. http://www.w3.org/2002/ws/chor/ Abruf am 2003-12-22.
[WSI2003]	WS-I: About Us. http://www.ws-i.org/AboutUS.aspx Abruf am 2003-12-22.